일몰관
日沒觀

이창규 시조집

목언예원

이 도서의 국립중앙도서관 출판예정도서목록(CIP)은 서지정보유통지원시스템 홈페이지(http://seoji.nl.go.kr)와 국가자료공동목록시스템(http://www.nl.go.kr/kolisnet)에서 이용하실 수 있습니다.(CIP제어번호: CIP2019033835)

일몰관

지은이 · 이창규
펴낸이 · 민병도
펴낸곳 · 목언예원

초판 인쇄 : 2019년 9월 5일
초판 발행 : 2019년 9월 10일

목언예원
출판등록 : 2003년 2월 28일 제8호
경북 청도군 금천면 선바위길 53 (신지2리 390-2)
전화 : 054-371-3544 (팩스겸용)
E-mail : mbdo@daum.net

ISBN 978-89-94733-81-4 03810

이 책은 충북문화재단의 후원으로 발간되었음.

가격 : 10,000원

일몰관
日沒觀

이창규 시조집

목언예원

■ 시인의 말

청산의 나무 몇 그루 결딴내고 말았다
말 없는 바람이나 달빛이면 족할 것을
서너낱 문장 몇 줄이 크나큰 죄가 되었다

2019년 9월
미동산에서 이 창 규

CONTENTS

일몰관

— 이창규 시조집

01 달을 쏘다

강정, 노을

장독杖毒이 터졌는갑네
주저앉은
저 바다

외면하는 세상도
가슴은 저리 붉어

강정천 어린 물빛만
까맣게 울고 있다

내몰릴 곳 더는 없어
섬은
섬으로 산다

설문대할망의 꿈
흩어버릴 꽃불 피운

구럼비 너럭바위와
귀먹은 섬이 운다

돼지가 하늘을 본 날

가끔씩 여물통에 헛것처럼 뜨곤 하던
별과 달 보겠다고 우겨본 적 없는데
사나흘 물린 입맛도 회가 동한 잔칫날

네 활개 각을 뜨고 불판에 누워서야
절절히 익어가는 노을 한 점 보겠거니
어르고 눙친 세월은
이, 저승 길목이네

까짓것 별이 뜨고 달이 진들 소용없지
천형 같은 지상에는 신화 이미 저물어
덜 마른 시월의 가지 끝
붉은 눈이 쌓인다

벚꽃 질 무렵

하얗게 센 머리에 꽃잎이 내려앉는다
누군가 궁금해서 골똘해진 봄날 오후
어디쯤 돌아오나요, 수취불명 그 편지

이름을 떠올리면 얼굴이 아슴할 나이
약속 없이 오가는 세월은 나도 몰라
꽃길만 걸어가시라, 두 손을 모으는데

빛바랜 사진 같은 희미해진 안부는
한 가닥 소망으로 어찌 남겨 두었나
낮달을 삼킨 빈 가지, 물음표를 앉힌다

열정 페이

쉰 살을 넘도록 귀거래를 하지 못해
밥술이나 얻겠다고 책상머리 당겨 앉아
실직의 예비음모를 탐색하는 퇴근 시간

구멍 난 세간살이 바람이나 채워가는
다 식은 뱃구레에 무슨 열정 남았을까
눈 붉은 폐쇄회로가 감지영역 넓히는데

칼 세운 지상의 길 더듬더듬 짚어가며
촉수를 늘어뜨린 벌레로나 사는 것이
뭇 생의 보람이라며 자술서를 끄적인다

네비게이션

설 자리 누울 자리 뜻 없는 경계에서

조상도 몰라본다는 낮술 한잔 걸쳤는지 천지 분간 못하는 세월은 다 어디로 몰려갔는지

귀 얇은 술잔을 털며 남도창을 부르며

팝콘 브레인*

씨앗 품을 생각일랑 애당초 밀쳐 두었지
기계혁명 완결판은 신체이식 버전이라며
느릿한 촉수를 밀다
눙쳐버린 일상에서

뇌 중추 회백질은 줄어들다 쭈그러붙어
액정 속 페이지만 펄럭이는 엄지손가락
미로를 더듬던 꿈마저 슬몃 내려놓았지

지우고 비워내야 가뿐하게 걸어갈 생
무제한 다운로드 허방지방 내달리다
한 생각 머물던 자리
돌씨 하나 품는다

*과도한 디지털기기 사용으로 '팝콘'처럼 곧바로 튀어 오르는 것에만 반응하고 다른 사람의 감정이나 느리게 변화하는 진짜 현실에 무감각한 뇌구조로 변화된다.

우주장宇宙葬*

살아서 떠나지 못한 지구별과 안녕이다
한 줌 뼛가루 되어 우주 향해 날아가는
무덤 속 고요는 깊어
캡슐 달랑 7그램

중력을 떨쳐야만 문을 여는 광속의 세계
먹먹한 카운트다운 국화향 번지는 날엔
조상별 궤적을 따라 그리움도 틔어볼까

"먼지로 돌아가라" 율법을 벗어던진
죽어 별이 된다는 신화를 펼쳐 들면
한뉘가 머물던 길목
위성처럼 빛나겠지

*유골의 일부를 넣은 캡슐을 인공위성으로 우주공간에 쏘아 올림
– 지구궤도를 돈다.

저염식단

짠지에 물 말아먹던 배곯은 시절에는
비린 것 한 토막에 눈들이 돌았으니
오달진 세상 풍파를 밥심으로 밀어냈다

염치 모를 세월이야 밑간도 필요 없어
숨이 찬 그 적막을 맨밥으로 견디는데
끼니를 거른 바람이 빈 솥을 긁고 간다

백 년을 사는 시대 삶은 자꾸 늘어지나
무료급식 세운 줄이 길모퉁이 돌아서자
멀겋게 시린 국물에 별 하나가 뚝 진다

오월, 문상

오월이 그러해서 불치의 병이라서 저무는 봄판에 깨진 솥을 달구던 왜자한 소문 몇 줄이 발뒤축에 감긴다

"슬며시 내려놓는 부고를 접하고도 오보만 던지는 뉴스인가 싫어서 까마득 날 선 바위도 무릎 자꾸 낮추더구먼"

조문을 마치도록 깨닫지 못한 유언과 치켜든 의문부호 명치쯤에 걸렸는데 오월이 그러한 이유 아무도 묻지 않네

오월, 그 후

너에게 묻지 않아 봄이 오고 가는 이유
속살 푸른 저 강물 끝 모르게 흘려보낸
지천명 어눌한 사내
목 늘여 우는 이유도

조금씩 곁을 주는 바람은 알고 있을까
저만치 달아나버린 세월 어디쯤에서
그리운 이름 하나가
이 봄 다 흔드는지

독립영화를 찍다

왁자히 끌고 가던 소음도 멈춰선 하루
일상은 늘 그렇게 환상을 깨는 덧칠일까
정수리 파고드는 햇살 삽날처럼 박힌다

혓바닥 돌기 사이 세상 풍문 휘감은 채
간밤 혈투를 벌인 술독에서 건진 단서는
검붉은 인장처럼 찍힌 비릿한 루주 향뿐

스크린 빗금 긋던 먼 옛날의 영화관처럼
흐릿하게 점멸해가는 내 생의 녹화 테-잎
편집점 길을 놓치고 폐기되는 리액션들

희망은 절망 끝에 돋아나는 별빛일까
은하수 팽팽하게 시간을 당기는 저녁
모노톤 외길을 비춰 독립영화를 찍는다

*편집점 : 원본의 영상에서 필요한 부분을 선택하여 서로 연결해 가는 부분
*모노톤 : 원래의 색에서 하나의 색만을 부각시켜 단색 효과를 창출하는 것

우는 달

감꽃 지는 소리에 몇 나절 뒤를 밟힌
홍시라 저리 붉던?
오래 묵은 그 말씀

한 세월 그리 가는 줄
여적 몰라
웁니다

감잎 입에 물면 무장무장 우는 세월도
가진 것 헐어낼 때 새 살로 돋는 것을

피었다 사그라지는
달빛에게 듣습니다

미국자리공

귀화인지 점령인지
혹은 불법체류인지

뚝 잘린 텃밭 가득 씨알이 굵어가는

손금을
넘나들어도
움켜쥘 수 없는 땅

해빙

–임진강

널문리
도보다리
봄이 그리 오던 길

새소리 바람소리
언 강물 앞질러와

어긋난 뼈마디 사이
물길을 열고 있다

달을 쏘다

중산간 올라서면 한 뼘 거리 달을 향해
새총으로 쏘아 올린 유년의 기억 한 점
포물선 궤적을 뚫고 어느 별에 닿았을까

태반처럼 둥글게 휜 별자리 밟아가던
전생 어느 좌표에서 길 잃은 흔적들이
무통의 바다 저편에 징검돌을 놓고 있나

결손만 이체하는 세월 앞에 낯이 붉어
따스하게 덥히는 온점으로 돋는 시간
먼발치 가늠하라며 부표 하나 떠오른다

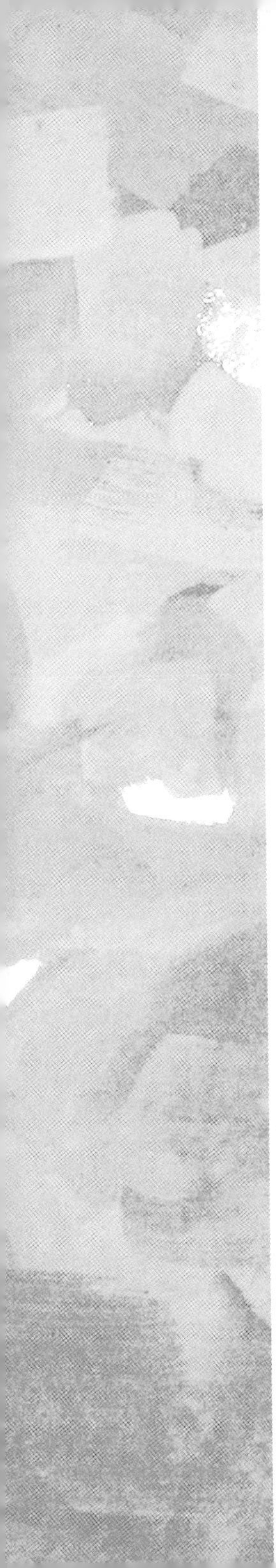

02 세월론論

세월론

신들도 명치끝이 아려오는 저녁이면
국물을 데워놓고 소주잔 기울이는지
불콰한 노을 한 자락 먼바다를 당긴다

절망에 익숙해진 꽃잎 모두 이운 자리
누구나 절며 왔다고 무릎을 주무르다
보이지 않는 길 위를 서성이는 사람들

어둑해진 발밑으로 몇 날을 보냈을까
가시밭 울음 울며 멀어지는 귀로에서
몸으로 읽는 세월이 엇박자 장단을 친다

세월론 2
–전 잘 지내고 있어요.

어머니
생각으로 가로누운 봄밤에는
쪽물 든 찔레꽃도 물색에 잠겼지만
삼 년쯤 울어진다면 제 빛을 찾겠지요?

이곳에 와서야 나이키를 신어 봅니다
친구들 나왔을 때 이름 몰라 불렀다는
명품화 끈을 조이고 달려가고 싶습니다

뻘밭에 가라앉아 인양되지 못한 꿈을
세월도 무심해서 뒤돌아보지 않는데
안산행 바람이 부네요,
그리워요
어머니

세월론 3
–카카오 톡

지난밤 아버지가 남기신 메시지에는
어느 별 귀한 분이 답장을 하셨는지
노란색 액정 가득히 눈물이 번집니다

못다 한 말 궁금해서 기웃대던 해무도
제주 가는 해로에 발을 길게 늘인 채
물결이 썼다 지우는 시린 문장 읽습니다

“아버지 행복하세요. 저도 잘 지낼게요”
쓸쓸한 이야기는 어서 앞서 가라고
망각의 세월을 접어 큰절을 올립니다

세월론 4

그대 꿈도 푸르러 바다 건너 오셨는지
출처를 알 수 없는 풍문처럼 서성이던
세월이 어찌 가는지 눈물 먼저 앞선다

더러는 발목 꺾인 반쪽짜리 그림자들
헛배 부른 낮달을 가슴팍에 띄워 놓고
흘러서 더는 못 가는 봄 언덕을 넘는다

세월론 5

덜 아문
상처 위에
소금을 뿌려대는

가슴 시린 세월을
그대 어찌 견디는지

이마를 스치는 바람,
안부 삼아 듣습니다

백동백

바람 난 서방 같은 사월이 가버린 뒤
홀로 된 설움일까 녹물 든 바람결에
기어이 꺾이고 마는 허름한 슬픔이여

부재한 인심들이 기억하지 않는 너는
묵직한 꽃무덤에 젖은 신발 벗어 놓고
슴슴히 뒷걸음질 치는 저물녘의 노래여

너울성 파도처럼 방파제를 핥아가며
아득한 별빛을 씻는 저 건너 물 아래
목젖을 넘기지 못해 토해버린 이름이여

변침變針

저지른 죄가 많아 몇 마디 안부 없이
목을 뚝뚝 끊어낸 동백처럼 몸을 던진
팽목항 낡은 달빛도 물어물어 가는 길

세상은 저들끼리 몸을 섞는 한통속이라
둘러댈 변명 따윈 더 이상 필요치 않아
해무를 품은 파도만 젖은 발목 씻는 길

굴절된 생의 마디 짚어가던 항로에서
꺾일 듯 이어가던 변침점 흩어 놓고
먼 하늘 별빛 지우며 눈물 먼저 앞선 길

우리는 어쩌다가
—샤먼 게이트

어쩌다가 스스로
환부를 깁고 있나

골든타임 외치는 다급한 시술이라 손은 자꾸 떨리는데
메스에 엉겨 붙어 달싹이던 숨은 이미 넘어가는데
어설픈 봉합 위로 새 살 먼저 돋아나도록 문짝 떨어진
화장실 변기 앞에서 고장 나버린 지퍼를 움켜쥔

세월을 마주했을까
우리는 어쩌다가

탁류

눈물 많은 사람들 저 강을 건넜을까
갯가를 일렁이는 쓸쓸한 바람을 안고
미늘에 걸리지 않는 세월을 외면한 채

폐선처럼 떠돌다 정박하지 못한 날은
물결도 펴지 못할 시름만 깊어가는데
뒷목을 움켜쥔 시간 뒤척이는 길이 멀다

달

—팽목항

눈물에 갇힌 달이 궤도를 흔든 순간
호명하다 지쳐버린 허공만 남은 바다
오월은 다이달로스의 미궁 속 꿈이었나

침묵으로 항변하는 쓸쓸한 경계에서
결박을 풀어헤친 바람을 불러 놓고
어둔 길 밝혀가라며 외등으로 솟는 너

질식
–대추리에서

1.
꼭,
목을 조여야만 숨이 멎는 건 아니지
허방의 구호들이 오와 열로 짜 맞춰진
끝 모를 대열의 후미쯤 바람만 절절 끓어

눌변의 수사학으론 감당 못할 시대 앞에
시공을 무너뜨리다 허물어질 연대 앞에
생은 또 묵은 필체의 포고령을 읽는가

2.
틈이란 세월 따라 넓혀지는 간극이어서
헤집고 들어오는 빛살만큼 벽을 허물다
외로선 달빛 한 조각 가슴으로 흐른 날

먼 강을 돌아와서 흰 뼈로 눕는 시간
길고 긴 호흡들이 상처를 어루만지면
막힌 숨 환하게 터는 바람길도 여는가

막장 드라마

살짝살짝 맛만 봐도 알아먹을 줄거리
성급한 이야기가 다음 회를 앞지를 뿐
인생도 그러하리란 믿음의 뿌리는 없다

매회 마다 종영 같은 긴장의 연속이야
자다 깨면 잊어버릴 한순간 꿈이겠지
부풀다 터져버리는 풍선효과 그것처럼

몇 번을 굽어져야 삶의 문턱 닳아질까
쪽대본 받아 외듯 허겁지겁 가는 하루
반전을 허락지 않는 시간이 휜다, 문득

설날 아침

뽀얀 떡국
한 그릇에 고명이야 얹든 말든
땟거리 걱정 없이 이렇게만 살아 주십사
살포시 열린 첫날을 두 손 곱게 받드는 날

'설은 질어야 하고, 보름은 말라야 한다'
눅눅한 생의 언저리 데워 주신 그 말씀을
옛길도 귀에 익었는지 아는 체 하는 아침

누구나 떠나간 길 되짚어오기 마련이라
한 뼘쯤 껑충 자란 아이들이 오는 시간
왁자한 동구 밖으로 까치 울음 내달린다

네미럴

미네랄
발음을 하다
꼬여버린 혓바닥

서리에 관한 짧은 보고서

1.
달빛이 꿀렁꿀렁 산 아래 건너간 뒤 둥근 달 꼭 고만한
수박통 서너 개가
탱자울 살며시 넘다 키득키득 웃었다

2.
한 생의 모서리가 닳고 닳아 버린 뒤 무서리 내린 아침
날아든 부고 한 장
소환된 기억을 안고 몸서리치며 울었다

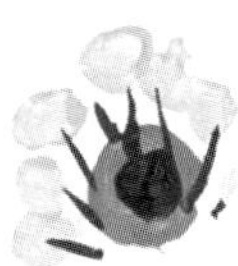

03 일몰관日沒觀

일몰관

극락도
갈 것 없고
왕생도
할 것 없네

얽어맨 인연이야 풀어지기 마련이니

저무는
서천을 보게
그대 닮아 붉은 놀

일몰관 2

그늘만 이고 가다
시들어 저물 무렵

몇 근의 마음으로
도저히 넘지 못할

환승의 굴레를 벗네
무심한 저 간이역

일몰관 3

비거리 가늠하는
스크린 저 너머

몇 타를 더 줄여야
그대 생에 다가설까

서천은 저 홀로 붉어
장엄으로 물드는데

일몰관 4

오신 길 쓸쓸해서
가는 길 고요한지

노을은 건성건성
화답을 청하는데

묵묵히
장삼을 벗고
강물처럼 가는 사내

일몰관 5

빈자의 등 하나가 세상을 밝힌다고
노을빛 한 자락도 생각을 모으는데
어쩌다 그대 빈자리 눅눅히 저무는가

이제사 더 담을 것 무엇이 남아 있어
허공을 그리다가 문득 멈춘 손끝에
쓸쓸한 안부로 와서 고개 숙여 우는가

만장을 걸다 말고 느껴 우는 세월을
어눌한 보폭으로 따라잡지 못하는데
뒷목을 움켜쥔 바람, 쇠북을 두드린다

일몰관 6

사하촌 건너가는
바람이 일러주네

지상에 없는 도량
지상에 없는 무량

허물고
다 허문 자리에
불화 한 점 서 있네

일몰관 7

묵직한 돌 하나 가슴에 안고 살다
품 너른 그대에게 건네줄 시간인가
어느새 성근 천망이 벌겋게 익어가네

결국은 한때 만난 낯설은 인연들이
꽃 같은 이야기와 별 같은 삶을 살다
저무는 모든 것들의 길이나 되는 것을

서편에 가는 구름 등짝을 밀어내면
발목에 엉겨 붙은 먼지를 훌훌 털고
한 걸음 앞장을 서게, 바람의 보법으로

일몰관 8

한 생, 끌고 가던 수레가 멈춘 자리
붉은 숨 토해내는 무거운 짐을 벗고
말없이 등을 돌리자 불을 넣는 다비식

한숨, 내쉬는 일도 끝 모를 집착임을
무릎을 꿇은 뒤에야 꿈결처럼 깨달아
몇 마장 건너다보는 나모를 내가 운다

저만큼 높은 곳에 다다를 요량이면
허울만 싣고 온 빈 배마저 버리라는
칼끝에 올라선 말씀 낙관으로 돋는다

일몰관 9

저렇게 물들어야 꿈이라 할 만하지
떠나온 곳이거나 돌아갈 곳이거나
호명을 하지 않아도 제겨오는 그 순간

게송을 놓쳐 버려 발이 저린 사람들
오가는 바람 따라 시간은 흘러가고
채색을 마치지 못한 그림일기 덮는데

말귀마저 늦게 트인 다 삭은 그림자는
둥글게 길을 내는 선홍빛 안부였을까
등 돌린 와불을 세워 자꾸만 절을 하네

일몰관 10

아릴 것
다 아린 후
넋 놓고 앉은 자리

반백년 지나서야
질문을 거두는가

가시를 삼킨 구름이
핏물을 배어문다

몽夢

생시에 생각조차 꿈이라 일렀거늘
잠시 든 선계에 무명을 놓지 못해

비답을 내리받는가?
선홍의
놀이 진다

열반절

오신 날 기쁘시니 가신 날도 기쁩니다
그대 닿은 곳으로 우리도 가는 거라며
무명의 봄바람 속에 풍경이 출렁입니다

봄, 타전打電

남녘 어느 대찰에
생불이 나신 갑다

홍매화 꽃잎 아래
때마침 긋는 봄비

“법석에 꽃물 닿는다”
돈수 돈수
돈
돈
돈

간월암

서너 줄 그리움은
뻘밭에 묻었는지

잠겼다 깨어나면
파도보다 마른 목숨

길 하나
서역으로 낼까
달빛 따라 가는 길

탈골암

절집에 들어서야 그림자를 벗는 내게
긴 순례를 마치고 이제야 돌아왔느냐
처마에 매달린 풍경 고개를 끄덕인다

고단한 생을 씻고 허리 감는 물소리
묵직한 시간의 옷 무수히 털어버렸을
한낮이 가려운 돌탑 헛웃음을 흘린다

억새풀 밟아가며 흰 뼈로 걷는 낮달
마지막 발자국은 남기는지 지우는지
또다시 돌아가야 할 서녘으로 길이 휜다

04 사유하는

홍매

참 붉다!
내뱉는 숨결
마디마디 참 붉다!

목련

견디고
견디는 일은
지상의 몫이었나

기다리지 않아도
인심 쓰듯 오는 봄

바람이 탱탱 부풀린
유백의 등을 건다

자목련

부도난 백지수표
천만 장 뿌린 죄로

댕경 잘린 백목련
신원 운동 한창이다

연판장
무인을 둘러
붉게 쳐든 만인소

우수雨水

그래 비는 내리고
나는 비에 젖는다

사랑이 그랬으면, 꼭 그랬으면 좋겠다

다시 또
나를 씻기는
먼 시간의 순례자

우수 무렵

비 오는 우수 절, 그대 생각에 젖다가

밤새 창밖이 소란스러워 정리되지 않은 사물함 속 같은 세월이라 비 오시는 시간이 길어질수록 나는 뭍에서 낙오된 물고기가 된다
사막의 끝이 바다일 것이라는 믿음은 이미 시효가 지나 버렸어도 물갈퀴 돋아나는 손으로 짚어보면 여전히 사랑 아닌 것은 없으니

달빛을 흘러내린 물, 행성을 씻고 있다

이팝나무

사나흘 피던 저 꽃
다시 지는 사연이야

퇴로를 막아선 달빛
그도 모를 일이다

척 걸친
산가山家의 적막
됫박으로 담는 오월

장마

열 밤만
자고 나면
어머니가 오신다는

할머니
자장가에
스무 밤을 보냈는데

베갯잇
묻은 귓가에
물소리만 납니다.

아라홍련
–700년 묵은 고려시대 연 씨앗이 꽃을 피우다

사랑도 한 700년쯤
묵어봐야 제 맛 들까

기나긴 세월의 끝
돌씨가 품은 법문

연분홍 꽃길을 따라
환한 등을 내건다

산수유

환승역 어디쯤에
멈춰 선 흔적일까

너에게 가는 길을
묻고 또
물어보면

햇살은
저렇게 고와
봄을 당겨 놓는구나

봄날

들병이 단속곳에 쑥물 드는 그런 봄날
아찔하게 부는 바람 살비듬 터는 봄날

아 아 아
감탄사 연발하며
보리누름 가는 봄날

관觀

꽃이 든 자리에서
한 생각 읽고 있네

무시로 피고 지는
그 길을 묻고 있네

떠난 뒤
돌아오지 않는
바람이 웃고 있네

눈물

올려다볼 것 없다
내려보며 살거라

덜 여문 지천명에
떨궈 놓은 눈물 몇 점

밥상도
달빛 받들어
저렇게 둥글단다

망우초

허름한 천정으로 적선하듯 드는 별빛
해진 두루마기에 점점이 와 박히는데
거칠은 붓끝에 앉아 울먹이는 그 사람

내밀한 권속들은 이미 궐을 버린 시간
저 꽃잎 스스로 붉어 바람을 재웠으니
하물며 어느 천명이 그대 목을 치겠는가

뜻으로 살아온 날 목도하는 하늘가에
한 움큼 쥐었다가 뿌려보는 세월을 지나
상심한 달무리 한 채 새벽강을 건너간다

대설주의보

사는 일 늘 그렇지
비 오시다
눈도 내리는

앞선 이 그 누구도
말해주지 않았던

먹먹한
세월을 감아
쌓이느니 적막인걸

한파주의보

몇 발짝 걸어가면
봄날
너를 만날까?

눈치 없는 생강은
빈 몸을 부풀리고

오지게 추운 날에는
달빛도
금이 간다

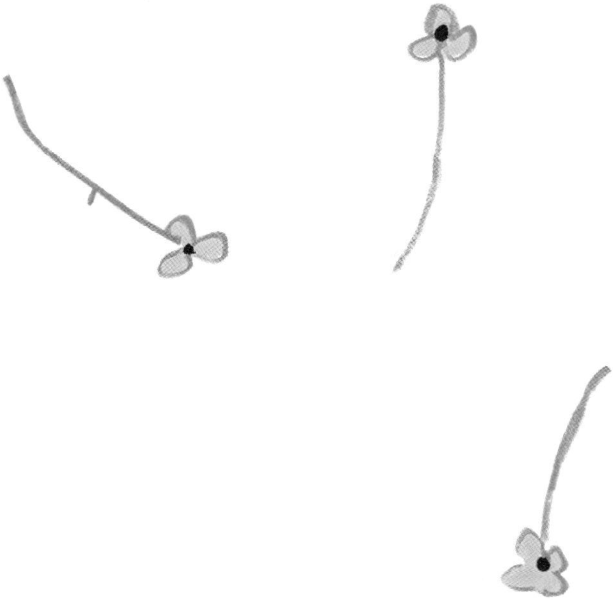

05 운수납자

탱화

노을은
낙화가 밀고 가는 붉은 수레
이울던 빈 가지에 화폭을 걸어 놓고
서천을 당기던 목불
산문 밖을
나선다

몽유도원도

노을진
호수 위로
먹빛 실은 빈 배 흘러

섬처럼
갇혀 있는
푸른 절벽 안쯤 그곳

도화동
분홍빛 문패
꽃가지에 거는 꿈

운수납자

억시게 운이 좋아
지상에 온 나그네

갈 곳이 궁금하여
위 아래 살피는데

억새는 달빛에 젖고
갈대는 물길에 젖네

관, 세음

아무 날
아무 시에
무연고 봄이 오듯

세월의 바깥쪽은
저리 환한 모양이라

물 아래 달빛을 씻는
바람소릴 읽는다

삼포 가는 길*

길은 늘 앞뒤 없고 분간할 수 없었나
온기를 나누면서 살 것 같은 사람들도
목덜미 엉긴 바람을 습관처럼 털어낸다

지상의 선물 같은 묵은 밥 한 덩이를
술국에 말아 놓고 후후 불며 마시는데
길허리 뚝 잘라 버린 노을은 그저 붉어

어깨를 눅인 사람 짐짓 멀리 떠났어도
돌아올 약속으로 길은 늘 존재한다며
심심한 이정표 하나 무릎을 펴고 있다

* 1973년 9월 《신동아》에 발표된 황석영의 단편소설

저녁달

한참을 내려서야
도달하는 지상으로

감잎이 지는 날은
하늘도 무거운 날

당신의 가슴 한켠에
저녁달이 뜹니다

낙엽

무언가 피어나면
꽃이라 불러주고

그 또한 지고나면
낙화라 부르는데

바스락
마른 숨소리
퇴로가 서늘하다

눈결*

한사코 오는 눈이 그대 발목 붙드는가
경치로 물러앉아 묵직한 훈수를 두는
천지간 목숨 하나가 끝내 젖어 우는 밤

낯빛 검은 짐승의 목덜미를 핥다가
속 뜨거운 가슴엔 차마 내리지 못해
한 시절 문을 여닫는 안부를 받아든다

소멸하는 시간과 흩날리는 세월 앞에
속으로 견디는 법 스스로 다져 가느니
모든 게 꿈이지 싶네, 무늬마저 하얀 꿈

*눈이 쌓여 이룬 상태나 무늬

화엄 흑매

산문을 어수선히 배회하다 떠난 사람
멈출 때 지나버린 그 자리가 허공인데
절절한 무엇이 있어 새봄 다시 벋는가

촉수가 닿는 곳은 아득한 꿈길 같아
한껏 부푼 꽃망울 살며시 튕겨보면
천 년을 되짚어 오는 향기는 여전한데

사나흘 머물다가 마음 하나 얻지 못해
푸른 잎 돋아날까 재촉하는 길을 나선
헤식은 낙화 한 점이 눈인사를 건넨다

낙엽, 별사

삶이란 그렇더군, 꼭 맞는 정답이 없어
빈 하늘 아무렇게나 흐린 창 걸어 놓고
그대와 나를 품었던 세상 한 번 읽는 거다

때로는 햇살 아래 그도 잠시 비에 젖어
내키지 않는 마음 벼랑 끝에 도달하면
한 장의 그늘을 지고 저문 길을 가는 거다

우리가 놓지 못할 오래 묵은 인연이란
풋풋한 잎이 돋아 넉넉한 결실을 맺는
지상에 나무가 되어 뿌리로 만나는 거다

미인도

모난 턱 돌려 깎고
처진 광대 승천하는

외모도 능력이라며
칼 아래 누운 시간

회복실
달력에 걸린
모과 향이 웃는다

쉰 둘레

한 번쯤 살아온 길 되돌리고 싶다가도
중앙선 넘지 못해 멈칫멈칫 내달리는
회차로 굽은 차선에
유턴 표지 걸어본다

절반을 넘어서면 살보다 빠른 세월
되짚어 돌아가는 쉰 둘레 저 길가에
눈물로 피어나는 꽃
꽃말은 무엇일까

하냥 웃던 이름들 절며 가는 어느 봄날
마디 꺾인 가지에도 수액은 풀어지는가
우두둑 뼈를 맞추는
저 길은 진행형이다

논평

100세 살아가는 복지시대 열렸으니

우울증 걸리지 말고 재미지게 살라는 고매하신 뜻으루다 왼갖 잡것들 너나없이 개그를 해대는 통에 불편한 심사가 입술나발 부는 날

웃다가 죽지 못하는 모양새가 하도나 우스운지 배꼽을 동그랗게 말아 쥐고는 후제 잔디찰방 오실 적에 들려주겠노라 너스레 떠는 날

참으로 얼굴 없는 날 이도 저도 없는 날

솔깃한 말

노릇노릇 구워진 삼겹살 같은 가을
요양원 벽에 기대 담배를 피워문다

빠지…직
잘 말린 것들의
익숙한 울음소리

벚꽃 엔딩

삼팔광땡 끗발은 벚꽃이 쥐고 있는데
몇 번이 남았을까 그대의 꽃놀이패와
따라지, 삼팔따라지
허세 같은 봄날은

인연 없이 오가는 목숨이 어디 있나
낙화가 아름답다는 불온한 그 말씀에
꽃잎은 눈물을 닦듯 한순간에 이우는데

봄볕에도 눅눅한 이야기가 여적 많아
따뜻한 술국 앞에 너스레를 떠는 오후
천 년의 하루가 가네,
실족의 땅을 딛고

06 매몰일지

예수의 달

몇 줄 문장에 갇혀 불꽃처럼 살았다는
단 한 번의 부활을 증명하는 평전에도
지상에 닿은 바 없는 말씀이 남았는지

사막의 신기루 같은 그대의 성전 위로
성호를 긋지 않은 파편들이 꽃을 피워
밀쳐둔 요한계시록 개정판을 쓰는 시간

어차피 신의 땅에 도달하지 못할 이름
만 갈래 찢긴 상처 마디마디 핥아가며
순례를 마치지 못한 불가촉의 달이 뜬다

픔

한 끼 더 먹기 위해 매달릴수록 배고픔
허위허위 넘어서는 인생길은 늘 고달픔
살아서 만나지 못한 인연은 그저 보고픔

이별 없이 헤어지는 느닷없음의 서글픔
허명마저 놓쳐버려 유실된 자의 뼈아픔
이 또한 지나가리라 외치는 자의 애달픔

제껴

—은어사전 '조사弔辭' 편

심야를 관통하는 뭉텅 잘린 함성들과
소금기 아예 모르는 회칼이 달려가다
도심의 허리를 꺾는 형님들의 단말마!

명분 없이 무너지는 세월은 다 똑같다
뺑뺑 뚫린 생의 경계 핏발을 세웠어도
온몸을 휘감은 문신,
문신처럼 허망한 것

은퇴를 축복하지 않는 휘황한 네온사인
몇 줄의 자서전을 칼날 위에 새겼을까
"야!, 제껴"
섬뜩한 조사
댓글을 생략한다

복면가왕*

한동안 잊고 지낸 얼굴들이 떠올라도
호명의 순간까지 상상하지 못한 것은
쓸쓸한 노랫말이거나 그리움 때문이다

민낯을 거부하는 시대의 오만 앞에
눈으로 보는 것은 얼마나 허망한지
어눌한 변명 한마디 속엣말을 지운다

잠시 머문 가슴에 그리움 여적 남아
익명의 수신호가 발걸음을 놓친 순간
몇 겹의 빗장이 풀린 자화상을 읽는다

*MBC TV 예능 프로그램

검결 1894

누렇게 뜬 얼굴에 봄은 또 오시는지
청승맞은 세월 앞에 풀잎이 돋아나고
비탈을 내려선 바람 솜바지를 벗는 오후

녹두 향 번져가는 아득한 지평 너머
헌 문장 기억하다 뼈가 발린 낮달은
먹물도 하얗게 바랜 사발통문 띄웠을까

황톳빛 먼지처럼 주저앉은 남접의 땅
죽창에 비낀 넋을 시호시호 달래주며
마침내 목을 쳐내는 칼의 노래 부른다

감정계좌

절반쯤 금이 간 유리알 속 수면 같은
덜 여문 생각들이 손톱여물 썰어 놓고
판세를 읽지 못한 채 주판알을 튕긴다

하루쯤 웃다가도 사나흘 허전한 것이
세상의 빈틈없는 계산법이라 우겨봐도
돌아선 가슴 한쪽이 눅눅하게 젖는 밤

불처럼 일어서다 얼음보다 차가워지는
널 향한 감정계좌 잔고가 더는 없어
서둘러 지금 정지된 시간을 되짚는다

동화童話
—슈퍼문supermoon

저 달, 햇덩이마냥 커져 버린 어느 날
남몰래 몸을 불린 속사정 알아챘는지
산번지 달 뜨는 언덕 넉살 좋게 휘었다

가난한 저녁 무렵 찬물로 허기 지우며
스무고개 넘어가던 먼 옛날 이야기 속
토끼도 계수나무도 몸피 꽤 늘린 세월

봄밤 지루하다 수런거리는 시장 모퉁이
좌판 위 흘러가는 달빛 새긴 문장으로
희망을 부풀려 쓰는 동화 한 편 떠있다

깃발

우리에게 없는 것 허공에 걸려 있다
빗물에 젖다가도 햇볕에 바스러지는
유적지 모퉁이 돌다 놓쳐버린 발자국

가위눌린 꿈으로 뒤척이던 지난밤엔
한때 거리를 메운 함성조차 그리웠나
묵묵히 세월의 끝을 말아 쥐는 바람결

흔들다 흔들리다 스크럼을 풀어버린
어리숙한 그림자 산란하는 지향점에서
어물쩍 등을 돌린 채 웃고 있는 자화상

월촌리 솔섬

그대 기억하시나 무시로 드나들던 해풍
선잠을 밀어내면 쏟아지던 별빛을 닮은
웃음꽃 접힌 갈피에
멀어지던
섬
그
늘

래퍼

유성우 쏟아지던 여름밤 낙수였을까
혼돈의 시대 앞에 내뿜는 주술의 언어
봉인된 의식을 깨고 오역誤譯을 풀어낸다.

힙합, 비보이 춤과 질주하는 가사들은
행간의 의미조차 살펴보길 거부하고
핏발로 잠긴 목젖은 열꽃 하나 틀었다.

지친 생의 오답노트 숙제는 끝마쳤는지
스스로 짐을 벗어 숨 고르던 어느 날
환하게 지평을 덮는 음역 따라 흐른다.

낙태落太

파도가 그리워서 덕장 아래 구른 너는
늘어진 비늘마다 이빨 시린 생을 닫고
자꾸만 무너져 가는 겨울 햇살 흩는가

속속들이 응어리진 한 때는 시였을까
울혈 감긴 푸른 정맥 끊어버린 그 순간
지상의 나무들처럼 흰 뿌리를 내리고

만장을 휘휘 둘러 조문하는 빌딩 사이
반지하 눅진한 땅에 손님처럼 들어앉아
해풍의 지문을 닮은 씨앗 하나 틔울까

삼족계三足鷄

태양을 상징하는 삼족오는 아니지만

주문한 통닭 다리가 세 개라 뉘 댁은 닭다리 하나 붙들고 통곡할 일이겠으나,
유전자변이형 행운이 배달되는 세상에 신이 내린 로또가 오늘 내게 임한 것이니

죽지가 문득 가렵다, 하늘 한 번 날겠구나!

수수꽃다리 편지

미스킴이 잃어버린 모국어 한 줄에도
여지없이 찾아드는 투명한 봄볕 있어
분홍빛
연서 말미에
꽃물이 배어난다

몇 번을 지우고 다시 쓰는 문장으로도
뜨거운 목젖 아니면 닿을 수 없는 이름
향기로 피어나는 날
문득 지는 그리움

48미터*

비탈처럼 날을 세운 탐색견의 후각은
밀고자 눈을 닮은 그믐을 베어 물고
삼엄한 갈대밭 사이 암구호를 날린다

찢어진 깃대에 걸린 흉흉한 소문들이
폭설에도 드러나는 허기를 끌고 와서
도강을 꿈꾸다 멈춘 세월을 막아선다

건너야 사는 압록, 죽어 넘는 국경선
결속마저 해체된 48미터 강물도 지쳐
자꾸만 허방을 짚는 시린 발목 적신다

*48미터 : 민백두 감독의 영화 제목 (2013. 7월 개봉) 북한 혜산과 중국 장백현 사이의 압록강 최단 거리

매몰일지

생살을 도려낸들 저리 아픈 소릴 낼까
산처럼 돌아서서 속울음 꾹꾹 담아내다
폭설에 갇힌 들녘을
수결하는 목쉰 달

두 갈래 발굽으로 생을 버틴 죗값일까
횟가루 뿌연 길목 순장하는 행렬을 따라
살처분 매몰일지에 간인 찍는 눈동자들

뚝, 뚝, 샛강을 끊고 흘러가는 얼음장 밑
영각 소리 외로 서서 회향 길 열어가나
다비식 비릿한 놀빛
소지 한 장 감긴다

07 작품해설

시대에 대한 반성적 성찰과 견성見性에의 길

/민병도

시대에 대한 반성적 성찰과 견성見性에의 길

민 병 도 | 시인

1. 드는 말

지적정보화가 급속도로 발달되면서 삶에서 추구하는 가치기준 또한 급변하고 있다. 계급사회에서의 우월적 지위도 바뀌고 전자산업의 혁명에 발맞춰 자아의 범주와 즐거움의 형태도 아주 다른 모습으로 바뀌었다. 양성간의 역할과 관계성의 조정으로 자아실현의 측도 자체가 달라진 요즘이다. 그럼에도 불구하고 인류는 왜 3천년이 넘도록 시에서 떠나지 못하고 있는가. 사회정보망을 통해 재미난 정보와 궁금증을 전례 없이 많이 해결하면서도 왜 시를 쓰고자 하는 사람들은 늘어나는 것일까. 더구나 소통의 범위가 아예 우리나라 안으로 제한되어 있는 시조에서 떨쳐나지 못하는 것일까.

물론 그 많은 시인들 가운데서도 자기감정의 보호와 표현욕구의 일방적 배설과 만족으로 규정되는 아마추어리즘에서 벗어나지 못하는 경우가 지배적이다.

하지만 여기서는 진정한 시 정신으로 무장하여 자신의 성취뿐만 아니라 문학사의 새로운 계승과 가치질서의 다변화를 겨냥한 진정한 시 작업을 기준으로 말하고자 한다.

아마도 그들은 형이하학적 생존질서에서 도달할 수 없는 꿈과 희망을 확대재생산하며 접근할 수 있는 거리를 좁혀가는 가운데 만날 수 있는 삶의 또 다른 성취감을 겨냥하고 있을 것이다. 그 과정에는 응당 기쁨과 즐거움도 있을 수 있고 반대로 실망과 좌절의 시간도 무작위로 체험하게 될 것이다. 새로운 가치를 발견할 수 있을 것이고 깨달음에 접근할 수 있을 것이고 자신만의 새로운 언어표현으로 담아낼 수 있을 것이다.

그리하여 원초적 욕구를 벗어난 진실과 진리에 다가설 수 있을 것이고 그로 인해 순간적인 괴로움과 슬픔을 불러오는 불행의 원인을 제어할 수 있을 것이다. 어쩌면 그것은 현실 속에서의 문제들을 무력화시키고 자신만의 가치영역을 공유하고자하는 절대적 성역인지도 모른다. 절대적 자유와 절대적 속박을 동시에 추구하면서 다가설 수 있는 해방공간, 그것이 시를 놓지 못하는 이유가 아닐까 생각된다.

2. 시대에 대한 진단과 반성적 성찰

이창규 시인이 첫 시조집 『일몰관』을 묶었다. 공식적으로는 2015년 농민신문 신춘문예로 등단하였지만 그는 이미 그 이전부터 지역 문단과 공무원문예대전 등에서 많은 활동역량을 보여준 바가 있다. 말하자면 준비된 시인의 준비된 시조집인 셈이다. 그렇다면 그는 왜 시를 쓰는 것일까. 그것도 보다 까다롭고 보다 많은 습작과정을 필요로 하는 시조를 선택하고 있을까. 앞에서 언급한 보편적 기준치를 중심으로 그의 작품집을 일별해 보자.

이번 시조집에서 가장 크게 두드러진 점은 무엇보다도 시인이 처한 현실에 대한 자각이다. 자각이라는 개념은 자신이 처한 환경과 상황에 대한 자존적 개체인식을 근간으로 형성되기 마련이다. 따라서 공동체로서의 동질성보다 개인적 이질성을 확인하고 공유의 자세를 취하기 위한 필수적이고도 바람직한 과정이라 하겠다. 그것은 또한 자신의 생각과 가치관을 확보하는 소중한 선택이기도 하다.

그런 측면에서 이번 시조집을 관류하고 있는 시인의 다양한 촉각에 포착된 물음과 진단, 인식과 모색이 먼저 눈길을 사로잡는다. 특히 소통과 화해의 문화가

부족한 시대를 살면서 겪는 사회적 불협화음과 집단적 갈등의 현장을 읽어가는 자세가 연민을 바탕으로 하면서도 단호하고 냉철하다.

장독杖毒이 터졌는갑네
주저앉은
저 바다

외면하는 세상도
가슴은 저리 붉어

강정천 어린 물빛만
까맣게 울고 있다

내몰릴 곳 더는 없어
섬은
섬으로 산다

설문대할망의 꿈
흩어버릴 꽃불 피운

구럼비 너럭바위와

귀먹은 섬이 운다

—「강정, 노을」 전문

먼저 자연보호와 생존권을 앞세운 주민들과 군사용 해군기지를 건설하려는 행정당국과의 오랜 갈등양상을 그린 제주 강정마을에 관한 문명 비판적 독후감이 눈에 들어온다. 사람들은 스스로를 '만물의 영장'이라고 자평하지만 사람 또한 자연의 한 구성요소에 불과하다. 그러기에 섭리와 습생에 길들여진 자연과 인간이 상호보완적으로 상생하는 것이 바람직하다. 하지만 날이 갈수록 사람들에 의해서 자연은 훼손되고 사람들에 의해서 파괴된다. 사람들의 이기심 때문이다.

천혜의 자연유산인 제주도 강정마을에 해군기지 건설이 결정되고 공사가 진행되었다. 물론 바다를 지킴으로써 자국을 수호하겠다는 취지 설명에도 불구하고 미국이나 일본 등 다국적군이 이용할 것이라는 의구심과 불안한 생존권 수호를 내세우는 주민들의 반발은 오랜 기간의 갈등을 불러일으켜 지금도 진행 중인 상태다.

시인은 지금 이 갈등의 현장에서 공감의 시간을 만나고 있다. "장독杖毒이 터졌는갑네 / 주저앉은 / 저 바다" 도입부부터 처연한 장면이 그려졌다. '장독'이 무엇인가. 매를 맞아 생긴 독이 아닌가. 그 상처가 터져 바다뿐만 아니라 "강정천 어린 물빛"조차도 "까맣게 울고 있"는 현장을 본 것이다. 둘째 수에서는 그러함에도 불구하고 어찌할 수 없는 섬의 고립을 헤아린다. "내몰릴 곳 더는 없어 / 섬은 / 섬으로 산다"는 지극히 소극적인 대처법이 등장하는데 이는 선택이 배제된 '섬'이 지닌 고독이자 고독한 섬의 숙명이다. 어떤 구호나 주장에 휘둘리지 않으면서도 주민들의 편에서 읽은 '강정, 노을' 앞에서 "귀먹은 섬"과 함께 우는 시인의 심경이 붉으면서도 잔잔하게 그려져 있다.

저지른 죄가 많아 몇 마디 안부 없이
목을 뚝뚝 끊어낸 동백처럼 몸을 던진
팽목항 낡은 달빛도 물어물어 가는 길

세상은 저들끼리 몸을 섞는 한통속이라
둘러댈 변명 따윈 더 이상 필요치 않아
해무를 품은 파도만 젖은 발목 씻는 길

굴절된 생의 마디 짚어가던 항로에서
꺾일 듯 이어가던 변침점 흩어 놓고
먼 하늘 별빛 지우며 눈물 먼저 앞선 길

—「변침變針」 전문

여기서도 우리시대가 겪는 사회적 파장이 큰 사건 가운데 하나인 소위 〈세월호 사건〉을 마주한 자각과 반성적 성찰을 겨냥하고 있다. 어떤 사건이나 사고가 이유 없을 수 없겠지만 엄청난 희생을 몰고 와 국가적 파장을 남긴 이 사건에서는 유독 납득하기 어려운 도덕불감증이 두드러져 국민적 공분을 불러 일으켰던 것이다.

제목으로 선택한 '변침'은 '배나 비행기 따위의 항로를 달리 바꾸는 것'을 일컫는다. 시인은 제목에서부터 이 사건이 인재人災였음을 암시하고 있다. 정상적인 항로가 아니었고 정상적인 운행이 아니었다는 단정이다. 그러기에 "저지른 죄가 많아 몇 마디 안부 없이 (중략) 팽목항 낡은 달빛도 물어물어 가는 길"이 안타깝고 서러운 사건의 현장이 되고 말았다. 그럼에도 불구하고 시적 화자는 분위기를 반전시키거나 흥분하기보다 냉정을 잃지 않고 현장과 대면하고 있다. "둘러댈 변명 따윈 더 이상 필요치 않"을 뿐 아니라 재발방지를 위한 자세와 각오가 선행되어야 한다는 점을 알기 때문이다. 다만 "먼 하늘 별빛 지우며 눈물 먼저 앞선 길"을 가슴 깊이 간직할 따름이다. 의당 시인의 지성에 걸맞은 성찰을 겨냥하되 섣부른 처방보다 현장에 대한 면밀한 관찰과 진단에 초점을 맞춘 조심스러운 행보가 느껴지는 작품이다.

비탈처럼 날을 세운 탐색견의 후각은
밀고자 눈을 닮은 그믐을 베어 물고
삼엄한 갈대밭 사이 암구호를 날린다

찢어진 깃대에 걸린 흉흉한 소문들이
폭설에도 드러나는 허기를 끌고 와서
도강을 꿈꾸다 멈춘 세월을 막아선다

건너야 사는 압록, 죽어 넘는 국경선
결속마저 해체된 48미터 강물도 지쳐
자꾸만 허방을 짚는 시린 발목 적신다

*48미터 : 민백두 감독의 영화 제목 (2013. 7월 개봉)
북한 혜산과 중국 장백현 사이의 압록강 최단 거리

—「48미터」 전문

이미 부기된 주에서 설명되었지만 이 작품은 생존을 위해서 나라를 버리고 탈출하지 않으면 안 되는 북한 주민들 앞에 놓인 압록강을 다루고 있다. 압록강을 건너서 국경을 탈출하지 않으면 안 되는 탈북자들에게 비록 최단거리라고 하지만 48미터는 목숨을 걸어야 하는 거리가 아닐 수 없다. 더러는 거기서 죽기도 하고 떠내려가 실종되기도 하는 도강지점이지만 냉전시대가 획책하고도 방치해둔 민족적 비극이 되풀이되는 역사의 땅이다.

영화 제목에서 시제를 따왔다는 설명으로 보아 시인이 직접 관찰하고 체험한 현장으로 보이지는 않는다. 하지만 시인이 모든 작품을 직접체험에서만 확보할 필요는 없다. 월남전에 참전하지 않고도 「삼불야三弗也」라는 본인의 대표작이며 최고의 걸작을 창작한 이호우의 경우가 이를 잘 대변해 주고 있다. 여기서도 이 48미터에 얽힌 스토리나 구체적 체험은 등장하지 않는다. 사례의 시제가 보편성을 견인하는 효과적인 수단이라는 사실을 모를 리 없는 시인이고 보면 보편적 사실로 만날 수 있는 논리적 구성에 포커스를 맞춘 경우라고 해야 옳을 것이다. 사례의 소재가 주는 진솔함과 재미에 비해 필연성과 당위에 초점을 맞춤으로써 보다 무거운 공감대의 무게를 계산한 노림수였으리라.

첫 수에서는 캄캄한 그믐밤, “삼엄한 갈대밭 사이

암구호를 날"리는 압록강변의 긴장된 분위기를 그리고 있다. 둘째 수에서는 그 살벌한 분위기 속에서 "찢어진 깃대에 걸린 흉흉한 소문들이 (중략) 도강을 꿈꾸다 멈춘 세월"의 온갖 사례들을 떠올린다. 그리고 마지막 수에서는 "건너야 사는 압록, 죽어 넘는 국경선 (중략) 자꾸만 허방을 짚는 시린 발목"을 기억함으로써 감정의 편향 없이 극도로 절제된 전달로 독자들의 대답을 구하는 방법을 취하였다.

같은 사회적 파장을 일으킨 현장이라고 해도 아래의 작품을 통해서 던지는 메시지는 사뭇 다른 면을 보여준다.

> 누렇게 뜬 얼굴에 봄은 또 오시는지
> 청승맞은 세월 앞에 풀잎이 돋아나고
> 비탈을 내려선 바람 솜바지를 벗는 오후
>
> 녹두 향 번져가는 아득한 지평 너머
> 헌 문장 기억하다 뼈가 발린 낮달은
> 먹물도 하얗게 바랜 사발통문 띄웠을까
>
> 황톳빛 먼지처럼 주저앉은 남접의 땅
> 죽창에 비낀 넋을 시호시호 달래주며

마침내 목을 쳐내는 칼의 노래 부른다

–「검결 1894」 전문

이 작품에서도 올곧은 정신으로 불합리한 시대와 맞서는 정신적 지주를 찾고자하는 이창규의 모색은 계속된다. '검결'은 천도교, 즉 동학을 창시한 최제우가 지은 가사지만 동학교도들이 심신을 단련하기 위한 수단으로 채택한 칼노래를 일컫는다. 하늘에 제사를 지내는 가운데 행해지는 의식으로 특유의 주문과 칼춤으로 적을 물리치고 백성을 보호하고자 하는 명분에도 불구하고 교주인 최제우가 좌도혹민左道惑民의 죄목으로 처형당한 뒤부터는 교도들 사이에 은밀하게 전승되었다.

그런데 이 작품에는 「검결 1894」라는 연도가 붙어 있다. 소위 '갑오농민전쟁', '동학난', '동학혁명'이 일어난 해이다. 물론 최제우는 이미 처형된 뒤였기에 오히려 '동학농민혁명'을 몰고 온 촉매제로 검결을 지목하였던 것이다. 주제의 무게를 감안하여 아주 포괄적이고 당위론적 접근을 시도한 셈이다. 그러면서도 특유의 감성과 감각적 언어구사로 인해 전혀 그 비장감을 느낄 수 없을 정도로 경쾌한 분위기를 이끌어내고 있다. 특히 첫 수의 "비탈을 내려선 바람 솜바지를 벗는 오후"나 둘째 수의 "헌 문장 기억하다 뼈가 발린 낮달은" 같은 아름다운 문장과 만난 역사현장이 말끔히 수습된 모습이다. 사실 이런 접근은 의도한 메시지 전달에 실패할 가능성이 많아 잘 활용하지 않는 포치이다.

그런데 오랜 시작과정을 연마해온 시인답게 이 가벼움을 종장에서 반전시켜놓았다. "황톳빛 먼지처럼 주저앉은 남접의 땅 / 죽창에 비낀 넋을 시호시호 달래주며 / 마침내 목을 쳐내는 칼의 노래 부른다" '남접'은 동학조직의 하나로서 전봉준全琫準 등 갑오농민전쟁의 지도부가 이끈 조직으로 철저한 정치적 개혁을 지향했던 세력이었던 만큼 보다 과격하게 혁명쟁취를 향한 물리력이 거칠어져 마침내 피를 부르고 말았다. 혁명의 정당성과 그 힘을 결집한 상징으로서의 칼춤과 칼노래에 대한 동의를 통해 간접적인 공감대를 이끌고자 하였다.

신인의 경우 창작의 지평을 넓혀줄 보다 다양한 정신적 구심점을 확보하는 노력이 필요하다. 그것은 시를 쓰는 일이 형이상학적 가치질서의 창출과 맞닿아 있기 때문이다. 설사 단숨에 의미 있는 대상을 확보하고 가치관이 분명한 자기주장의 논조와 언어가 지닌 아름다움을 작품에 반영되지 못할지라도 지속해야할

과제라 하겠다. 이창규의 경우 앞서 살펴본 바와 같은 시대를 진단하고 정신의 가치를 존중하고자하는 분명한 의지가 그의 시조를 건강하게 만드는 요인으로 작용할 것으로 기대된다.

3. 풀어야 할 시간의 매듭, 혹은 응시凝視

위에서 읽어본 작품들이 시인 이창규가 나아가야할 정신세계의 주요 거점들이라면 지금까지 자신을 이끌어온 시간들에 대한 의미부여 역시 시대진단의 기준점이라는 점에서 대단히 중요하다. 실제로 이번 시조집이 지향하는 목표와는 상관없이 자기존재의 실제적 진실을 규명하는 이 같은 범주의 작품들이 거둔 성과에 주목하지 않을 수 없다. 그 가운데 「달을 쏘다」가 있다.

중산간 올라서면 한 뼘 거리 달을 향해
새총으로 쏘아 올린 유년의 기억 한 점
포물선 궤적을 뚫고 어느 별에 닿았을까

태반처럼 둥글게 휜 별자리 밟아가던
전생 어느 좌표에서 길 잃은 흔적들이

무통의 바다 저편에 징검돌을 놓고 있나

결손만 이체하는 세월 앞에 낯이 붉어
따스하게 덥히는 온점으로 돋는 시간
먼발치 가늠하라며 부표 하나 떠오른다
—「달을 쏘다」 전문

신춘문예를 통한 등단작품이면서 대표작이 된 이 「달을 쏘다」는 이창규 시조의 출발점이다. "유년시절 달을 향해서 가졌던 꿈을 되새겨보면서 퍼즐에 맞추듯이 현재의 삶을 되짚고, 미래를 모색하는 모습이 한 편의 동화를 읽듯 명징하게 그려진 수작이다"라고 썼던 심사평이 기억에 새롭다. 실질적으로 이 작품에서는 특유의 상상력과 잘 직조된 구성력, 감각적인 언어의 선택이 유도하는 다소 몽환적인 현실인식과 맞물린 빼어난 완성도를 보여주고 있다.

행간읽기에 들어가면 "한 뼘 거리 달을 향해 / 새총으로 쏘아올린 유년의 기억 한 점"으로 출발하는 첫수의 도입부터 몰입도를 높여준 데다 둘째 수의 역설적 시간읽기가 묘한 물음으로 다가온다. "흰 별자리 밟아가던 / 전생 어느 좌표에서 길 잃은 흔적들이 / 무통의 바다 저편에 징검돌을 놓고 있"을 자신의 지나온 시간들을 되짚어 본 사람들이 과연 몇이나 있을까. 하지만 희망과 기대가 쌓여있는 오늘의 현실은 어떤가. “결손만 이체하는 세월 앞에 낯이 붉어 / 따스하게 덥히는 온점으로 돋는 시간”이 아닌가. 하지만 그렇다고 꿈을 버릴 수는 없지 않겠는가. “먼발치 가늠하라며” 떠오르는 “부표 하나”를 응시하게 된다. 신인에게 요구하기 어려운 처방이라는 숙제를 배제하면 손색없는 수작에 해당된다.

이와는 달리 오늘의 현상적 시간에 대한 물음을 드러난 작품들도 있다.

신들도 명치끝이 아려오는 저녁이면
국물을 데워놓고 소주잔 기울이는지
불콰한 노을 한 자락 먼 바다를 당긴다

절망에 익숙해진 꽃잎 모두 이운 자리
누구나 절며 왔다고 무릎을 주무르다
보이지 않는 길 위를 서성이는 사람들

어둑해진 발밑으로 몇 날을 보냈을까
가시밭 울음 울며 멀어지는 귀로에서
몸으로 읽는 세월이 엇박자 장단을 친다

—「세월론」 전문

이 「세월론」은 연작으로 이어지는 점으로 보아 시인이 가졌던 집중적인 물음 가운데 하나였으리라 여겨진다. 첫 수 도입에서부터 강력한 연역演繹적 문장구성으로 긴장감을 몰고 온다. "신들도 명치끝이 아려오는 저녁이"라고 단정 지어서 현실적 절박함을 가중시켜놓은 것이다. 그리고는 신과 사람의 경계를 지워버린다. 지금 눈 앞에 펼쳐지는 광경은 "국물을 데워놓고 소주잔 기울이는지 / 불콰한 노을 한 자락 먼 바다를 당"기는 노을 지는 바다이지만 그 행위는 모두가 사람의 모습이다. 소위 '천인합일'의 기조 안에서 사물을 인식하는 시인의 가치관이 엿보인다.

그런데 그런 상황의 인식 위에는 언제나 "누구나 절며 왔다고 무릎을 주무르"면서도 "보이지 않는 길 위를 서성이는 사람들"이 있기 마련이다. 제 3의 객관적 존재를 끌어들였지만 결국은 자신의 의식체계에서 가장 가까운 사람, 자신의 또다른 모습이다. 그럼에도 세월이라는 시간은 쉬거나 멈추는 것이 아니어서 "어둑해진 발밑으로 몇 날을 보"내지 않으면 안 된다. "가시밭 울음 울며 멀어지는 귀로"지만 "몸으로 읽는 세월이 엇박자 장단을 친다"고 벗어날 수가 없다. 이 작품의 진행은 여기에서 멈춰있다. 하지만 정작 시인이 전하고자 하는 메시지는 여기가 끝이 아니다. 이 도입부에 다름없는 서설을 가지고 진정한 합일을 향한 대안을 모색하고 실천해야 한다는 전제가 뒤따른다. 그것은 앞으로 그가 감당해야 할 부분이다.

이제 유년의 꿈과 현실에서의 다양한 시간들을 거쳐 온 그의 현재 시간을 만나보자.

> 한 번쯤 살아온 길 되돌리고 싶다가도
> 중앙선 넘지 못해 멈칫멈칫 내달리는
> 회차로 굽은 차선에
> 유턴 표지 걸어본다
>
> 절반을 넘어서면 살보다 빠른 세월
> 되짚어 돌아가는 쉰 둘레 저 길가에
> 눈물로 피어나는 꽃
> 꽃말은 무엇일까
>
> 하냥 웃던 이름들 절며 가는 어느 봄날
> 마디 꺾인 가지에도 수액은 풀어지는가
> 우두둑 뼈를 맞추는
> 저 길은 진행형이다

—「쉰 둘레」 전문

《논어論語》의 '위정편爲政篇'에 따르면 '쉰'이라는 나이는 '지천명知天命', 즉 하늘의 뜻을 알았다고 한 나이다. 그런 의미에서 이창규 또한 자신의 「쉰 둘레」를 한 번 돌아본 소회를 행간에 옮겼으리라.

첫 수에서는 누구나가 50쯤에서 겪는 일반적인 꿈과 결실사이의 수지타산에 그도 한몫 끼어든다. "한 번쯤 살아온 길 되돌리고 싶다가도 / 중앙선 넘지 못해 멈칫멈칫 내달리는 / 회차로 굽은 차선에 / 유턴 표지 걸어본다". 여기서 눈여겨볼 대목은 "유턴 표지 걸어본다"이다. 유턴을 하자니 지나온 길이 너무 아깝고 그냥 가자니 그 또한 불확실하기는 마찬가지가 아닌가. 이러지도 저러지도 못하는 '쉰'의 심리적 갈등과 현실적 한계를 잘 드러내었다.

그러면서도 돌아서지 못한 길을 돌아간다고 상상해보자. 이미 "절반을 넘어서면 살보다 빠른 세월 / 되짚어 돌아가는 쉰 둘레 저 길가에 / 눈물로 피어나는 꽃"이겠거니 생각하면서 추스를 수밖에 없지 않겠는가. 누가 '절망은 자신에게 부여한 가장 괴로운 고문'이라 했던가. 셋째 수에서는 다시 한 번 자신의 현실을 점검하고 들메끈을 고쳐 맨다. "하냥 웃던 이름들 절며 가는 어느 봄날" 다시 일어서서 "우두둑 뼈를 맞추는 / 저 길은 진행형이다"라고 진단을 한다. 그리고 이 진단에는 이미 '지천명'의 의미를 받아들이고 있다는 전제가 깔려있다. 이제 남은 것은 새로운 목표, 새로운 이상을 향하여 나아가는 길 밖에 없지 않은가. 자기다짐과 각오를 새롭게 하는 자세가 엿보이는 작품이다.

4. 절제와 은유가 빚은 단시조의 품위

이창규의 이번 시집에는 완성도가 돋보이는 단시조들이 또 하나의 특징을 이루고 있다. 단시조, 시조의 원형이자 본류이자 3장 6구 12음보, 45자 내외의 외형률을 지닌 짧은 형태의 정형시이다. 하지만 여기에는 단순히 '짧은 시'라는 설명으로는 도저히 접근할 수 없는 형이상학적 길이와 넓이와 깊이를 확보하지 않으면 안 되는 독자성이 있다. 내용은 차치하고라도 기, 승, 전, 결의 구성요소를 갖추어야 하며 단-장, 단-장, 단-장, 단-장, 단-장, 장-단의 음보구조와 종장의 필수적인 '반전反轉'의 형식미가 단시조의 핵심 가치이다. 시조의 역사가 천년에 이른 만큼 이 정형시로서의 구조적 질서는 그러나 불가측不可測의 가치가 아닐 수 없다.

따라서 이러한 모든 요소들을 극복하면서 완성도 높은 시조를 창출하는 일은 결코 쉬운 일이 아니다. 그럼에도 불구하고 이 단시조의 형식미학을 온전히 소화하지 못하고서는 연시조의 완성도를 높일 수가 없다. 이창규의 경우 시작과정의 상당부분을 이 단시조에 할애하고 집중한 흔적이 역력하다.

극락도
갈 것 없고
왕생도
할 것 없네

얽어맨 인연이야 풀어지기 마련이니

저무는
서천을 보게
그대 닮아 붉은 놀
—「일몰관」 전문

이번 시조집의 표제로 삼은 작품이다. 열편이나 되는 연작의 서시 같은 작품이고 표제로 삼았다는 점에서 이즈음의 정황이나 심리상태가 반영되지 않았나 생각된다.

한자를 병기하지 않았지만 작품의 성격으로 보아 '日沒觀'으로 읽혀진다. 유추해보면 '해가 저무는 상태를 바라보는 관점'에서 관찰한 다양한 모습의 시간읽기의 작품이다. 이어진 작품들 가운데 표현에 공력을 기울인 연작들이 많이 있음에도 반추상 그림 같은 구성으로, 그것도 단수로 머리에 올린 까닭은 이 작품의 겨냥한 직관적 자기논리 때문이 아닌가 보인다.

"극락도 / 갈 것 없고 / 왕생도 / 할 것 없네"라는 구어체 문체의 연역적 논조에는 상당한 달관의 경지거나 염세주의자가 아니면 내뱉기가 조심스러운 단어들이 선택되어 있다. 생명체인 인간의 욕망으로서는 굳이 극락에도 갈 필요 없고 그렇다고 다시 살아 돌아올 필요도 없다는 말을 진심으로 소화하기 어렵기 때문이다. 그런데도 초장부터 이렇게 일갈한데는 자연의 순리와 섭리를 강조하기 위한 수단이었기 때문이다. 그것은 둘째 수에서 바로 설명이 된다. 자연의 이치가 아닌 "얽어맨 인연이야 풀어지기 마련이"기 때문이었다. 환하던 하루를 끝내고 해가 저무는 시간은 누구에게나 아쉽고 안타깝지만 그렇다고 그 자체를 부정하고 거부할 수는 없는 노릇이 아닌가. 앞의 시조에서도 보았듯이 '지천명'의 성숙함이 주는 자각이자 여유이리라.

여기서 그래도 순응하지 못하는 이들을 위하여 "저무는 / 서천을 보게 / 그대 닮아 붉은 놀"이라는 구체적인 정황을 안내하고 있다. 불교에서도 해가 지는 '서천'을 '아미타불과 관음보살이 관장하는 극락정토'라고 설정하고 있다는 점을 감안하면 '일몰'은 다음 세상을 유추하게 만드는 시간임에 틀림이 없다. 등산이 아닌, 이 하산을 이제 어떻게 할 것인가의 보편적 고민과도 상통하는 모습이다. 그런데 여기서 노을처럼 붉게 달아오른 '그대'는 과연 누구일까. 그것은 아마도 '그대'라고 지칭되는 객관적 타자이자 궁극적으로는 자신이 아니겠는가. 이어지는 여러 광경이나 순간들 또한 상당한 사념과 궁구한 탐구의 시간이 남긴 결과물로 보인다.

이창규의 종교관이 엿보이는 작품 가운데 「봄, 타전打電」이라는 작품도 있다.

남녘 어느 대찰에
생불이 나신 갑다

홍매화 꽃잎 아래

때마침 긋는 봄비

"법석에 꽃물 닿는다"

돈수 돈수

돈

돈

돈

–「봄, 타전打電」

이 작품에서는 우선 독특한 배행이 먼저 눈에 들어온다. 초장과 중장에서는 현대시조에 와서 일반적으로 구사하는 1장 2행배치를 하였다. 그러다가 종장에서는 1장 5행배치를 시도하고 있다. 그것도 전구에서는 따옴표를 붙이고 나머지 후구를 4행으로 나누어 시각적 효과를 지향하고 있다. 물론 그렇다고 장을 깨뜨린 것은 아니다. 제목「봄, 타전打電」이 겨냥한 시각적, 청각적 효과를 위한 장치로 읽혀진다. 이러한 시도는 물론 '창작=발표'가 하나로 받아들여진 '인쇄문화=현대문학'의 메카니즘의 영향이 크다. 그러나 그러한 의도와 시도에도 불구하고 따옴표나 부점 하나 없이도 가슴을 저리게 만드는 고시조 명품들을 보면 시도에 불과하다는 사실을 알게 된다. 결국 좋은 시조란 독자가 공감하고 독자의 마음을 움직여야 하니까.

이 작품에서는 봄소식을 알리는 홍매화와 봄비 사이의 시간적 간극을 무한대로 확장시키고 오로지 깨달음에 매달리는 신앙자의 자세가 기묘하게 조화를 이루고 있다. 시적 화자가 겨냥한 깊은 물음과 은유의 깊이가 마치 '훅' 던져주고 간 화두 같은 느낌이다.

①사나흘 피던 저 꽃
다시 지는 사연이야

퇴로를 막아선 달빛
그도 모를 일이다

척 걸친
산가山家의 적막
됫박으로 담는 오월

②열 밤만
자고 나면
어머니가 오신다는

할머니

자장가에
스무 밤을 보냈는데

베갯잇
묻은 귓가에
물소리만 납니다.

작품 ①은 「이팝나무」이고 작품 ②는 「장마」이다. 두 편 공히 행간마다 상당한 사색의 흔적이 역력하다. 작품 ①에서는 가난과 춘궁으로 대변되던 시절을 떠올리게 하는 이팝꽃을 을 소재로 "산가의 적막 / 됫박으로 담는 오월"의 정경을 은유적으로 그려내고 작품 ②에서는 「장마」라는 이미지에 덧댄 체험적 상상력과 기다림의 정서를 잘 묘사하였다. 시인의 개별적 감각에 따른 배행의 차이에도 불구하고 단시조의 작은 그릇에 담겨진 중량감은 결코 가볍지 않다. 시조의 구성미를 조금도 흩트리지 않고 요약된 서사시의 초록 같은 완성미 또한 손색이 없다. 이러한 시적 감각과 감성, 형식질서에 대한 이해도라면 분명 이창규가 가고자하는 시조의 지평은 넓고 깊고 순탄하리라는 믿음에 이르게 한다.

5. 마무리

지금까지 이창규 시인의 첫 시조집 『일몰관』의 첫 독자로서 일별一瞥의 기회를 가졌다. 이번 시조집을 통해 시조에 대한 그의 관심과 애정, 시대와의 소통을 전제한 수많은 물음의 수단으로서의 시조에 임하는 자세가 얼마나 진중한가를 읽을 수 있었다. 그리고 그 소통의 방편으로 선택한 다양한 관찰과 탐구가 일정한 사유를 거쳐 확보한 개별적 가치질서 또한 편 편마다 읽을 수 있다. 아마도 이러한 보법은 시조를 자기해소의 수단이 아니라 시조의 위의에 접근하는 자신의 학구적 자세에서 기인된 것이 아닌가 생각된다.

이창규 시조의 미덕은 우선 감각적 언어선택과 물상의 개별성에 따른 상상력의 깊이, 그리고 분별하지 않는 존재의 가치를 꼽을 수가 있다. 이는 아마도 그의 종교적 가치와 취향에서 비롯되었으리라 짐작이 간다. 여기에 덧붙일 수 있는 또 다른 매력은 시대를 외면하거나 역류하지 않고 다양한 소통의 방정식을 모색한다는 점이다. 이번 시조집의 많은 부분이 여기에 할애되었다는 점을 보면 이는 그가 지향하는 시조의 정신의 일단으로 보인다. 이 점은 시인으로서 매우 중요한 가치덕목이다. 오늘날과 같은 고도의 산업사회를 살면서 자기해소에 시조창작의 목적을 두는 일은 자신을 위해서나 시조를 위해서 전혀 도움이 되지 않기 때문이다.

물론 신인으로서 자신의 시대와 사회를 진단하고 적확한 처방을 내린다는 것은 희망사항에 불과할 것이다. 그렇더라도 형이상학의 정점에 놓인 시를 짓는 일이라면, 그것도 천년의 역사성까지 숙성되어진 시조라면 그 지난한 관문을 통과해야만 한다. 왜냐하면 우주의 철리哲理에 따른 그 시대와 사회와 자신의 유기적인 만남이 결코 분리될 수없는 관계성 속의 질서이기 때문이다.

이제 이번 시조집의 상재를 계기로 시조의 필연적 구조에 대한 이해를 넓히고 자신의 물음에 대한 자신의 대답을 확보하는 일이 남았다. 그리하여 우리 시조의 지평을 넓히는 두리기둥으로 자리매김할 수 있기를 기대한다.